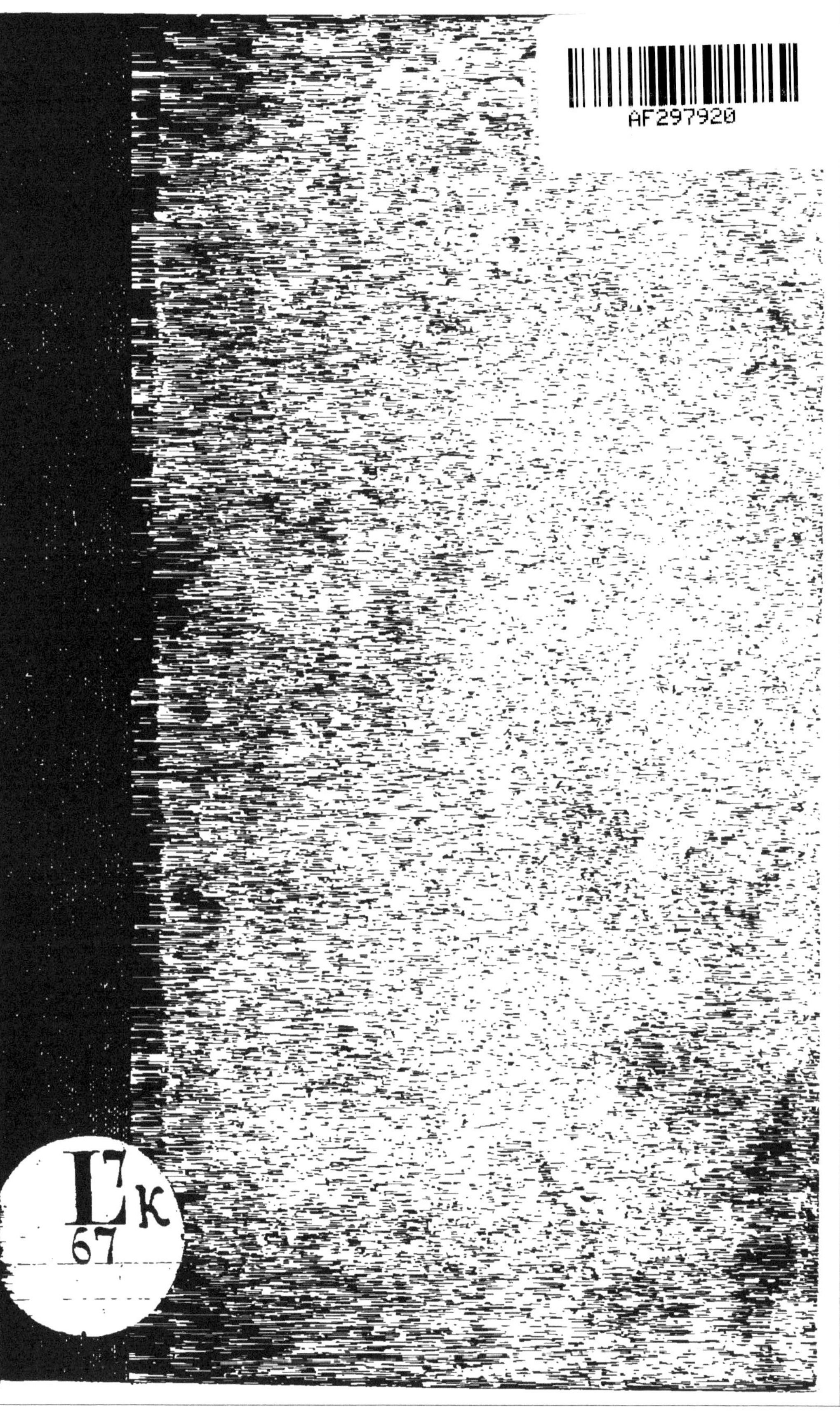
AF297920
L7
K
67

Lk 67.

HISTOIRE

NOVVELLE,

MERVEILLEVSE ET

ESPOVVANTABLE,

D'VN IEVNE HOMME D'AIX
en Prouence, emporté par le Diable, &
pendu à vn Amandier, pour auoir impie-
ment blafphemé le fainct Nom de Dieu,
& mefprifé la faincte Meffe, deux fiens
compagnons eftans demeurez fans aucun
mal.

Arriué le douziefme Ianuier de la prefente an-
née mil fix cents quatorze.

A PARIS,

Par FLEVRY BOVRRIQVANT, en l'Ifle du Pa-
lais, ruë Traverfante, aux Fleurs Royalles.

Iouxte la coppie imprimée à Lyon.

AVEC PERMISSION.

HISTOIRE NOVVELLE,
merueilleuse & espouuantable.

'INGRATITVDE est
vn vice autant execra-
ble que pernicieux, &
autant abominable que
directement il se ban-
de contre tout deuoir,
& contre toutes les reigles de la nature,
qui en abhorrent entierement l'odeur.
Et si nous le trouuons monstrueux enuers les hommes, lors qu'animez d'vn
certain engourdissement, nous ne nous
mettons en deuoir de recognoistre les
bien-faicts que nous auõs receu de leur
courtoisie : nous le deuons trouuer o-
dieux lors qu'il s'attache de droit fil à
Dieu mesme, de qui nous tenons l'estre,
de qui nous possedõs la vie, de qui nous
sommes ce que nous sommes ; & en fin
de qui nous reléuons entierement, &
sans qui nous ne serions rien. Si nous

A ij

fommes tenus par tous les droicts tant
diuins que humains, tant par les prece-
ptes de la nature, que par ce que la ciui-
lité nous commande, de nous porter a-
uec respect enuers les grands, auec dou-
ceur enuers nos femblables, & auec mô-
deftie enuers nos inferieurs: & fi nous
deuons du refpect à certains hommes
par droict mefme, d'autant que la fortu-
ne les a placez à quelque degré plus
hault que nous, fans que nous tenions
d'eux autre chofe que quelque regime
qu'ils exercent fur nous, que deuons-
nous à Dieu, & quel refpect luy pour-
rons-nous rendre équiualant à ce que
nous tenons de luy? Nos forces font
trop foibles pour nous en pouuoir ac-
quitter, c'eft vne obligation qui paffe au
delà de toute recognoiffance, & dont
nous ne fçaurions iamais nous affran-
chir, quoy que nous puiffions faire. Que
dirons-nous donc de certains monftres,
lefquels au lieu de fe mettre en deuoir
de recognoiftre cefte obligation, aueu-
glez en leur mefcognoiffance, & bouf-
fis de ie ne fçay quelle humeur ingratte,
rendent iniure pour bien-faict, blafphe-

me pour merite ; & qui se laissant posseder à leur aueuglement se bandent côtre Dieu mesme, mesprisent ses loix, abhorrent son respect, ne tiennent conte de ses ordonnáces, foulent aux pieds l'honneur qu'ils doiuent à ses mysteres ; & plus insensibles que les creatures insensibles mesme, se rendent entieremét reuesches à ce que la nature mesme leur enseigne? Que dirons-nous de ces ames perduës ? mais que deuiendront-elles ? Leur temps ne manquera point, ils portent en trousse & derriere le dos la vengeance qui les talonne, Dieu les tient par le collet : & s'il leur permet pour vn peu d'ouurir leurs bouches profanes, pour vomir leurs blasphemes côtre son S. Nom, il ne manquera point de les attraper en son temps, & de leur faire sentir le heurt, d'autant plus pesant, que longuement il les aura attendu. Il est doux, il est benin, il est patient ; mais aussi il est ialoux de son honneur & de sa gloire, il veut qu'on le recognoisse : & si nous ne pouuons pas luy rendre exactement, & selon l'equité, le deuoir que nous luy deuons, il desire qu'à tout le

moins nous y facions noſtre pouuoir :&
lors que nous y manquons, enſeuelis en
noſtre ingratitude, apres auoir attendu
quelque temps, il commence à tirer les
foudres de ſon arcenal, pour nous pu-
nir, auec d'autant plus de fureur, qu'in-
grattement nous auons meſpriſé ſon
honneur.

Les exemples en ſont ſi familiers, que
nous n'auons rien de plus commun. Vn
Coré, Dathan & Abyron ; vn Achab,
vne Iezabel, vn Saül, meſme Iudas le
traiſtre, qui ſe pendit de ſa main propre,
apres auoir laſchement trahy ſon mai-
ſtre, n'empruntant point d'autre bout-
reau que ſa propre rage ; & vn Simon,
vn Ananias & Saphyra ſa femme, auec
vne milliace d'autres ; & de noſtre téps
vn certain Charretier blaſphemateur,
aupres de Gennes en Italie, nous en ré-
dent aſſez de teſmoignage : mais encor
en auons-nous vn plus recét, & de fraiſ-
che datte, d'autant plus eſpouuantable
qu'extraordinaire, & dont (ie croy) on
n'a iamais oüy parler d'vn ſemblable,
qui eſt tel que nous l'allons repreſenter.
En la ville d'Aix en Prouence (re mar-

quable, tant pour son antiquité, que
pour beaucoup de choses rares qu'elle
contient en soy, comme son beau Par-
lement, & vne quantité d'excellens &
rares esprits) il s'en est neátmoins trouué ces iours passez vn, d'autant plus te-
meraire qu'impie, & puny d'autant se-
uerement que son impieté s'estoit mó-
strée presumptueuse. Ils se prindrent vn
matin trois de compagnie, & d'assez bő
lieu, lesquels desirans de desieuner en-
semble, s'en vont en vn logis, où ils de-
mandét à l'hostesse si elle auoit dequoy
leur donner, qui leur respond qu'il y a-
uoit assez. Là dessus, deux se disent l'vn
à l'autre qu'il falloit premierement aller à la Messe, tandis qu'elle prepareroit
la table, & qu'ils auoient assez de temps.
Le troisiesme se roidit là dessus, & commence à dire qu'il n'auoit que faire de
Messe, qu'il aymoit mieux vn bon dis-
ner, & qu'il luy feroit plus de profit.
Puis à mesure que sa manie s'augmen-
toit, possedé par ses furies, & touché de
l'esprit malin, il commence à vomir vne
infinité d'execrables blasphemes contre
Dieu, contre la saincte Messe, & contre

ſes compagnons, voyant qu'ils ne vou-
loient pas ſymboliſer à ſa gourmandiſe.

Pauure ame perduë, mais eſprit de-
ſeſperé, où eſt-ce que tu te laiſſes porter
par ta fureur ? Qu'eſpere-tu de tes blaſphemes? Mais quelle occaſion as-tu de
les dégorger auec tant d'horreur? Dieu,
ton bien-faicteur, celuy de qui tu tiens
& l'eſtre & la vie, celuy qui te nourrit,
& qui te conſerue, & ſans lequel tu ne
ſerois rien, qu'eſt-ce qu'il t'a faict ? mais
qu'eſt-ce que tu luy veux ? La ſaincte
Meſſe, qui eſt le ſacrifice perpetuel de la
nouuelle alliance, le banquet de l'A-
gneau, & le myſtere des myſteres, t'eſt-
il de ſi peu d'eſtime, que tu le doiues ain-
ſi meſpriſer, fouler ſa Majeſté ſous les
pieds de ton inſolence, & te mocquer
de ſon excellence? Tes compagnons, ſi
animez d'vn genie plus noble que le
tien, & pouſſez d'vne intention plus
ſaincte, veulent aller rendre la reco-
gnoiſſance à leur Createur qu'ils luy
doiuent, & luy faire l'hommage que
nous deuons à ſa Majeſté, deuant que ſe
remplir de viande, te donnent-ils pour
cela occaſion d'entrer en ces fureurs,

& de pousser ces blasphemes du creux
impie de ton estomac infame ? Sors de
ces lignes extraordinaires, & r'entre dãs
l'eclyptique du deuoir & de la reco-
gnoissance. Quitté ces manies, & re-
grettant l'enormité de ta faute, va hum-
blement (prosterné deuant la Majesté
de celuy que tu blasphemes) demander
grace à sa bonté. Recognoy que c'est
ton Dieu, & celuy qui t'a fait : que la
Messe, contre qui tu despites auec tant
d'impieté, est le sacré cõtract de la nouuelle alliãce, qu'il a iurée auec son Egli-
se: & que tes compagnons te seruent de
reueille-matin , pour t'aduertir de ton
deuoir, & de ce que tu dois à ton Createur.

Pour cela, il demeure roidy en son
impieté : ses compagnons s'ẽn vont à la
Messe, & luy demeurant au logis se met
à table, & commence à boire d'autant,
grommelant entre ses dents, & despi-
tant contre eux. Ha pauure aueuglé !
garde, car ta punition te tient au collet.
Tu es là, pour assouuir tes appetits en-
ragez, au lieu que tu deurois, comme
les autres, estre à la Messe, pour reco-

gnoiſtre ton Dieu, & repaiſtre l'eſto-
mach de ton ame, deuant que ſonger à
celuy du corps. Mais voilà comme le
peché nous aueugle, & comme lors que
nous ſommes ſur le bord du precipice,
preſt à eſtre abyſmez dans le ſupplice
cruel qui attend noſtre punition, nous
demeurons endormis en noſtre aueu-
glemét dans les pattes de noſtre peché.

Voicy donc, comme ceſtuy-cy ne ſon-
ge qu'à ſe ſaouler, & encore au lieu de
prendre ces viandes auec actions de
graces, il les prend auec deſdain ; & au
lieu de benedictions, il vſe de blaſphemes : en ſorte que l'hoſteſſe meſme en
eſtoit toute effarouchée, & apprehen-
doit d'ouïr ces ſcandaleux deſpitemens,
& horribles execrations, ayant taſché
par pluſieurs fois de le mettre dehors ;
& lors qu'on le vouloit remonſtrer,
l'exhortant de ceſſer ces blaſphemes, il
s'efforçoit dauantage de pouſſer les ve-
nins de ſa furie dehors, ne voyant pas
que ſon peché eſtoit au comble de ſa
malice, & qu'il falloit que ceſtuy-là luy
amenaſt la punition de tous les autres.

Ses compagnons reuenus de la Meſ,

se, le trouuant à table, faisant bône che-
re, se mettết aupres de luy : mais, ô spe-
ctacle rigoureux & espouuentable! ainsi qu'ils estoient assis à table, beuuans à
hausse-goubelet, & luy tousiours grommelant contre les autres de ce qu'ils l'a-
uoient tant fait attendre, & les appel-
lant bigots & hypocrites, voila qu'en la
presence des autres deux, le Diable en-
trant furieusement dans la chambre, le
hape par les cheueux, luy deschire tous
ses habits, le froisse contre la fenestre,
& l'enleuant en l'air, l'emporte à leur
veuë, & les laisse là remplis d'estonne-
ment & de crainte.

Exemple, mais exemple espouuentable à ceux qui mesprisent ainsi auec tất
d'impieté les mysteres sacrez de nostre
Foy, & qui font gloire de proferer mil-
les blasphemes, & execrables parjure-
ments de leurs bouches profanes.

Ceux-cy bien estonnez, & remplis
de crainte, s'en vôt tristes & ombragez
de douleur, porter la triste nouuelle à
son pere, de ce qui estoit arriué ; luy di-
sant, que pour eux ils ne pouuoient iu-
ger ce qu'il pouuoit estre deuenu, sinon

qu'ils l'auoient vèu paſſer par la feneſtre, auec des cris & hurlements eſpouuentables, qu'il s'en alloit par l'air du coſté de la mer, & qu'autre choſe n'en pouuoient-ils dire.

Le pere bien deſolé, ayant ouy toute ceſte hiſtoire, fait chercher ſon fils de tous coſtez, & n'en peut trouuer aucunes nouuelles, iuſques au bout de quelques iours apres, que des bergers (ſans y penſer, gardans leurs troupeaux aux champs) trouuerent le corps pendu en vn Amandier, à vn quart de lieuë de la ville, tout noir & desfiguré, tellement qu'à peine le pouuoit-on recognoiſtre; d'où il fut pris & ietté à la voirie.

Venez donc icy, vous impies, venez vous blaſphemateurs, venez vous, qui ne vous ſouciez d'aucune Religion ny pieté; venez voir l'effigie de voſtre fin, ſi vous ne vous amendez ; venez voir le ſupplice qui vous attend, & ce que vous deuez deuenir, ſi par vne humble repentance vous ne venez à rabatre la colere du Ciel, iuſtement irrité contre vous, & à vous chaſtier : recognoiſſez que c'eſt vn aduertiſſement que Dieu

vous donne, & qu'au defpens de ce pauure miferable il vous veut appeller à pé-
nitence, & à vn bon amendement, que
vous fuiurez fi vous eftes fages, de peur
de tomber en vn fi trifte accident, ou
peut - eftre en de plus horribles, pour
voftre vie fcandaleufe& pleine d'impieté. Dieu vous en vueille preferuer, &
nous auffi, s'il luy plaift.

F I N.

APPROBATION.

I'Ay veu & leu le preſent narré, & n'y ay rien trouué contre la Foy Catholique, Apoſtolique & Romaine. Au Cloiſtre S. Paul, A Lyon ce premier Feurier 1614.

DEVILLE, Docteur en Theologie.

EN conſequence de l'Approbation cy deſſus ie n'empeſche pour le Roy l'Edition dudit narré.

DAVEYNE, Procureur du Roy.

PErmis d'imprimer le preſent narré. A Lyon ce premier Feurier 1614.

SEVE

www.ingramcontent.com/pod-product-compliance
Ingram Content Group UK Ltd.
Pitfield, Milton Keynes, MK11 3LW, UK
UKHW022241070726
13613UKWH00005B/2051